AF249731

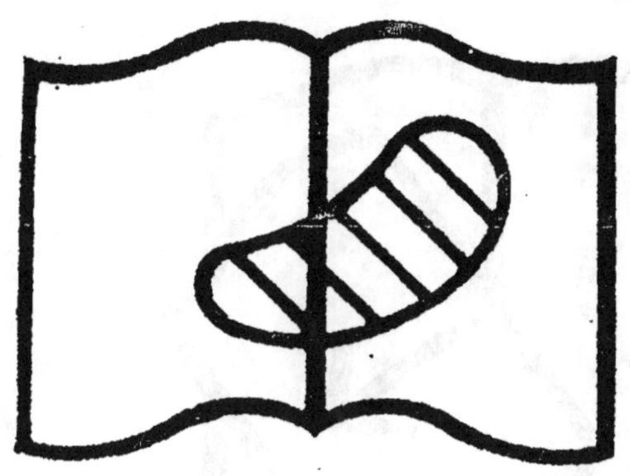

Illisibilité partielle

VALABLE POUR TOUT OU PARTIE DU
DOCUMENT REPRODUIT.

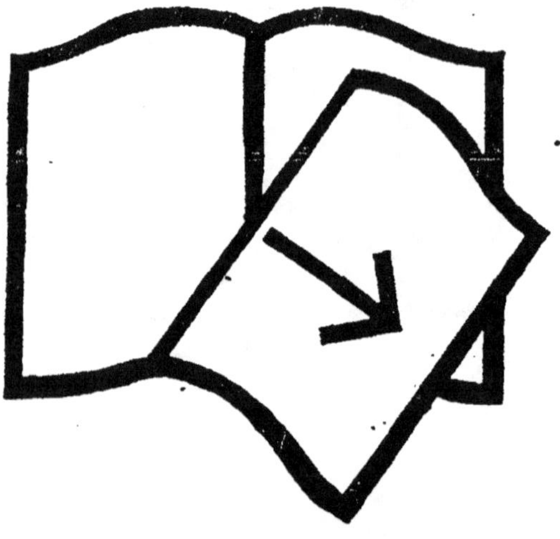

Couverture inférieure manquante

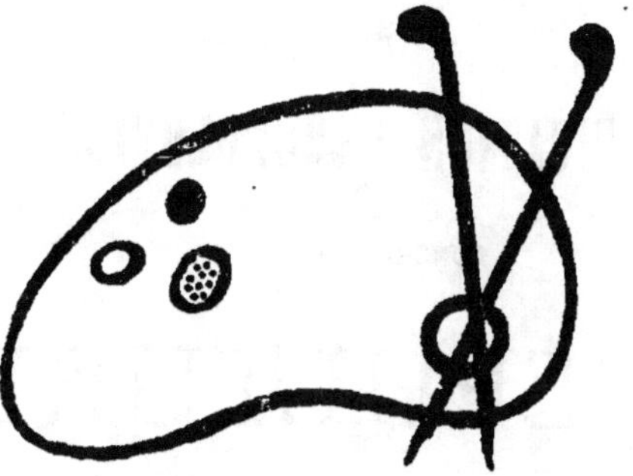

DE QUELQUES ESSAIS

DE

CLASSIFICATION CHRONOLOGIQUE

CONCERNANT

LES SÉPULTURES

PRÉHISTORIQUES

SPÉCIALEMENT EN BRETAGNE

Par Félix ROBIOU

Correspondant de l'Institut et de la Société des Antiquaires de France

MEMBRE DE LA SOCIÉTÉ ARCHÉOLOGIQUE D'ILLE-ET-VILAINE

SAINT-BRIEUC

IMPRIMERIE-LIBRAIRIE-LITHOGRAPHIE RENÉ PRUD'HOMME

1891

(14)

DE QUELQUES ESSAIS

DE

CLASSIFICATION CHRONOLOGIQUE

CONCERNANT

LES SÉPULTURES

PRÉHISTORIQUES

SPÉCIALEMENT EN BRETAGNE

Par Félix ROBIOU

Correspondant de l'Institut et de la Société des Antiquaires de France

MEMBRE DE LA SOCIÉTÉ ARCHÉOLOGIQUE D'ILLE-ET-VILAINE

SAINT-BRIEUC

IMPRIMERIE-LIBRAIRIE-LITHOGRAPHIE RENÉ PRUD'HOMME

1891

(Extrait du Bulletin de l'Association Bretonne.
Congrès de Dinan 1890.)

DE QUELQUES ESSAIS

DE CLASSIFICATION CHRONOLOGIQUE

CONCERNANT

LES SÉPULTURES PRÉHISTORIQUES

SPÉCIALEMENT EN BRETAGNE

Par FÉLIX ROBIOU

———

I

Avant-propos : Les âges de l'industrie préhistorique. — Historique de la question.

Comme il arrive trop souvent pour les sciences nouvelles, l'archéologie préhistorique a débuté par une confiance exagérée et surtout prématurée dans ses propres forces. Non-seulement elle a proclamé comme un axiome la succession, probablement vraie *en général* dans certains pays, de la pierre taillée (ou éclatée), de la pierre polie, du bronze et du fer ; mais elle a osé distinguer, dans l'âge de la pierre taillée, des périodes séparées par des différences, souvent de médiocre importance, dans la forme des haches, périodes auxquelles elle n'a pas craint d'attribuer d'immenses durées. On a posé en lois universelles, pour ne pas dire fatales, des successions de types, établis, pour tel ou tel canton, par la profondeur de la couche terrestre qui a fourni tel ou tel travail, ou par le mélange de ces types avec des débris d'animaux divers, dont on a, un peu légèrement parfois, reconstitué les âges, toujours

compris d'ailleurs dans la période géologique actuelle. On a
formulé ces conclusions, sans tenir compte des résultats diffé-
rents que d'autres fouilles ont pu donner pour des objets de
même genre, non plus que de la possibilité manifeste de types
divers adoptés à la même époque par des tribus diverses, par
divers ouvriers d'une même tribu, ou par les mêmes ouvriers
à divers moments de leur existence, suivant leur degré d'ha-
bileté, ou suivant le but qu'ils se proposaient. La distinction des types s'est faite d'après les noms des localités où l'on
en a découvert les exemplaires les plus anciennement connus
dans la science : le solutréen et le magdalénien présentent
des formes beaucoup moins imparfaites que le chelléen et le
moustérien ; mais cela ne prouve nullement qu'ils leur soient
postérieurs et surtout de beaucoup postérieurs.

Et non-seulement l'évidence affirmée dans la classification
chronologique énoncée par M. de Mortillet n'existe pas ; mais
les faits observés et les principes de cette classification n'éta-
blissent pas même une probabilité en sa faveur ; aussi les
réclamations n'ont-elles pas tardé bien longtemps à se produire. Si, ni au *Congrès international d'anthropologie et d'archéologie préhistorique* de Paris (1867), ni à celui de Norwich
(1868), la question générale ne fut agitée, soit dans un sens, soit
dans l'autre, du moins pour les temps antérieurs aux
dolmens, il n'en fut pas de même dans celui de Bruxelles
(1872). M. de Mortillet y exposa sa doctrine et maintint son
opinion sur l'immense durée de la période attribuée à l'âge
paléolithique, c'est-à-dire de la pierre taillée et non polie ;
mais il reconnut que M. Dupont confondait en une seule la
période de Saint-Acheul (dite aujourd'hui chelléenne) et celle
de Moustiers ; et franchement, il m'est impossible de comprendre comment une population qui taillait des deux côtés ses
instruments de pierre, aurait mis des siècles avant de s'aviser
de ne les tailler que d'un seul côté et par un seul bout, ce qui
est le type moustérien, considéré par M. de Mortillet comme
postérieur à l'autre (1). Il reconnaissait d'ailleurs, au même
endroit, qu'il y a souvent mélange entre ces deux types. Bien
plus, après avoir exposé les caractères du type solutréen,

(1) Congrès de Bruxelles, p. 433-7.

distinct de ceux-là par la supériorité du travail et par quelques
essais rudimentaires de sculpture, du type magdalénien, où
l'on a opéré sur l'os et sur les bois de cervidés et où l'art a
produit des œuvres fort remarquables, enfin du type roben-
hausien, début du polissage des pierres (1), l'auteur avoue
qu'on n'a pas là une succession de temps complètement tranchée, et que cette classification pourrait bien ne s'appliquer
qu'à la France, à la Suisse, au bassin du Rhin, à la Belgique
et à l'Angleterre(2). Or, dans ces pays même, l'auteur ne cite
en tout que *deux localités* dans lesquelles une *superposition*
d'objets trouvés à des profondeurs différentes lui paraisse
confirmer sa théorie : dans l'une, à Saint-Acheul même, le
moustérien a été rencontré au-dessus de l'acheuléen (3); dans
une autre (4) la série ascendante s'applique aux trois derniers
types.

Deux exemples, c'était bien peu ! C'est bien moins encore,
si l'on ajoute, avec M. Desor (5), qu'en certains lieux des
types divers sont confondus dans un même dépôt, par exemple, dans la grotte de Hohlefels, près d'Ulm ; et M. Faas, qui
l'avait exploré lui-même, donna au congrès des détails
prouvant combien il faut être prudent quand on veut consta-
ter la succession des formes paléolithiques par celle des
espèces d'animaux disparus ou émigrés, dont les restes s'y
trouvent mêlés (6). La même conclusion, au sujet de la même
grotte, se retrouve au congrès de Bologne (1873), pages 111-17.

La question de fait fut reprise, en 1875 et en 1876, dans les
Matériaux pour l'histoire primitive et naturelle de l'homme.
M. de Mortillet avait vu affirmer, en 1872, par M. Sirodot (7)
que tous les silex du Mont-Dol appartiennent au type du
moustier. Ce fait fut affirmé aussi par M. Micault, dans les

(1) Ibidem, p. 438-40.
(2) Ibidem, p. 447.
(3) Ibidem, p. 450.
(4) Ibidem, p. 468.
(5) Voyez page 453-4 du même congrès.
(6) Ibid. page 454 ; V. aussi les observations de M. Dupont, aux pages 459,
463-5, 467-9, 471-3 ; il insiste sur le commerce entre tribus diverses dans ces
temps lointains.
(7) *Conférence sur les fouilles exécutées au Mont-Dol*, page 80.

Matériaux d'avril 1875, ainsi que la présence, dans cette station, d'objets provenant de l'atelier préhistorique du Bois du Rocher. De là, l'auteur concluait le synchronisme des deux stations. M. de Mortillet soutint, dans le numéro d'avril, que la station du Bois du Rocher étant acheuléenne était certainement plus ancienne, les faits stratigraphiques et paléontologiques établissant la succession des deux types, à Saint-Acheul et ailleurs ; mais il reconnut aussi que la substitution de l'un à l'autre avait été graduelle, ce qui réellement annulait presque son argumentation. La chose n'en resta pas là. Dans le numéro de juin, M. d'Acy, qui avait manié, dit-il, des centaines de silex travaillés découverts à Saint-Acheul, affirma que les instruments *des deux* espèces s'y trouvent dans *toutes* les couches, sauf la partie supérieure, où l'on ne trouve plus que la pierre polie (1). Nous avons vu que, en termes un peu moins précis, M. de Mortillet avait reconnu, à Bruxelles, un fait voisin de celui-là. Dans le numéro de juillet, en répondant à M. d'Acy, il s'en tint à la différence de l'abondance relative des types dans les couches diverses.

A vrai dire, la distinction chronologique de ces deux formes est bien difficile à soutenir, quand même elle serait reconnue pour un certain nombre de stations. On comprend mieux la distinction avec les époques des formes bien mieux travaillées de Solutré et de la Magdelaine. Dans le numéro d'avril 1876, M. de Mortillet constata, d'après une communication de M. le curé de Thorigné-en-Charnie (Mayenne), la superposition en cet endroit (cave de La Chèvre, au bord de l'Evre), du solutréen au moustérien, et la différence de formes, correspondant au progrès de l'industrie. Mais, trois mois après, dans le numéro de juillet du même recueil, M. l'abbé Maillard, sans nier la trouvaille indiquée, complétait la description stratigraphique et paléontologique de la grotte, où des couches parfaitement régulières du sol excluaient, au moins à l'entrée, toute possibilité de bouleversement ultérieur. Il y signalait, au même niveau, le grattoir dit moustérien, le couteau dit magdalénien, et une pierre ornée d'un dessin qui

(1) On a fini, en présence de ces mélanges, par renoncer à la dénomination d'*Acheuléen*, pour y substituer celle de Chelléen.

rappella une tête humaine. *Au-dessous* de cette couche, qui était celle du mammouth, on trouvait non-seulement des grattoirs magdaléniens, mais une hache *polie*, avec des débris de renne, de cheval et de cerf; au-dessous encore, avec des débris de renne, l'auteur a trouvé des pointes d'un travail plus délicat que les solutréennes elles-mêmes, des poteries grossières et des poteries d'apparence romaine. Je n'irai pas jusqu'à dire de fabrique gallo-romaine.

C'était foudroyant quant à la succession des époques. M. de Mortillet (même numéro) nia, comme M. E. Cartailhac, comme je le fais moi-même, l'idée d'une fabrication romaine; il reconnut que le renne remontait aux temps moustériens, mais il pensait que, faute de pratique, M. Maillard avait pu se tromper dans l'attribution des pointes de lances et de flèches à des types magdaléniens : c'est très possible. Mais le grand fait subsiste : la présence de haches très grossières *ne démontre pas l'antériorité* d'une station par rapport à des objets d'une remarquable industrie. Il y a eu jadis, comme aujourd'hui, des œuvres soignées et des œuvres qui ne l'étaient pas.

C'est donc là qu'en était la question, il y a quatorze ans, et les études ultérieures n'ont pas fait rétrograder la science vers les assertions téméraires de son origine, bien que l'ancienne école ait continué de subsister.

En 1878, notre savant compatriote et confrère à la Société Archéologique d'Ille-et-Vilaine, M. l'abbé Hamard, donnait au Congrès de la *Société française d'Archéologie* un *Examen de la classification préhistorique de M. de Mortillet*. Il y faisait ressortir, en abordant la question dans son ensemble, l'invraisemblance extrême de la lenteur attribuée aux progrès les plus naturels et les plus simples (1), l'invraisemblance d'une marche identique dans des pays divers, le petit nombre de cas indiqués où la succession paraît constatée et leur opposition avec des fouilles donnant un résultat contraire (2), l'inexactitude ou l'incertitude du classement des trouvailles citées, opéré d'après des concomitances paléontologiques(3), la

(1) Voyez page 9.
(2) Pages 9, 13, 16.
(3) Page 16.

témérité avec laquelle on affirmait que l'usage de la pierre polie, résultat d'un travail si difficile, si lent et souvent inutile,
avait fait disparaître la fabrication des instruments de pierre
taillée, enfin le fait de leur rencontre simultanée dans les
mêmes stations (1). Il énonçait même déjà l'existence simultanée de l'industrie de la pierre et de celle du métal, fait
aujourd'hui si bien constaté, comme nous le verrons plus
loin (2).

Et peu après, en 1883, l'auteur publiait un volume intitulé :
L'âge de la pierre et l'homme primitif (3), dans lequel, abordant la question générale qu'il avait esquissée dans son *Examen*, il faisait largement ressortir la gratuité des hypothèses
sur lesquelles se fondait le système dont nous parlons (4),
l'association bien constatée de la pierre et du métal dans les
mêmes temps et les mêmes lieux (5), la probabilité manifeste
de l'usage de l'os et du bois dès les premiers temps (6), l'invraisemblance de l'emploi d'un instrument unique, à quelque
époque que ce soit. Il faisait ressortir aussi la nécessité, pour
un peuple chasseur, d'atteindre le gibier à distance, et par
conséquent de fabriquer des armes de trait, ne fût-ce que les
pointes en silex du type de Solutré (7), enfin la constatation
du synchronisme d'industries très différentes dans des
contrées voisines, et par conséquent la nécessité de repousser
toute affirmation d'une marche uniforme (8). Nous avons vu
d'ailleurs que, pour des contrées éloignées, M. de Mortillet
lui-même ne soutenait pas l'identité de succession ou ne la
soutenait plus. En réalité, ni la raison ni les faits ne sont
favorables à son système.

Enfin, en 1888, M. de Nadaillac (9) rappelant le mélange des
types dans la station de Saint-Acheul, disait nettement que
toute conclusion générale est *prématurée* (p. 69), que la dis-

(1) Pages 17-9.
(2) Pages 22-5.
(3) Paris, Haton, avec gravures.
(4) Page 403.
(5) Pages 371, 382-3.
(6) Page 385.
(7) Pages 388-93, 395-401, 407, 422-3.
(8) Page 435.
(9) *Mœurs et monuments des peuples préhistoriques.*

tinction des périodes est *fort obscure* (p. 72), que la pierre taillée se maintient *à côté* de la pierre polie, et que des *types divers* ont servi de *modèles* pour celle-ci (p. 72-3).

Il convient d'ailleurs de faire, en ce qui concerne les périodes considérées comme les moins anciennes, des observations d'autre genre. Sans doute le polissage est un progrès sur la simple taille; sans doute encore l'emploi du métal suppose des opérations d'industrie plus compliquées, et le fer est plus réfractaire que le cuivre. Mais, outre que l'idée de polir un instrument a pu venir à l'esprit d'hommes de toutes les époques, outre que la superposition de la pierre polie sur la pierre taillée dans certaines stations et son association beaucoup plus ordinaire aux restes d'animaux domestiques (1), si elle indique l'extension ultérieure d'une coutume, ne prouve rien pour tel ou tel cas particulier, il est certain que les objets en pierre polie sont le plus souvent si intacts, et quelquefois de dimension si petite que l'on a tout lieu de regarder ceux-là comme de simples objets de luxe ou même comme des amulettes; et cette dernière dénomination paraît convenir même à des pierres taillées employées à des époques parfaitement historiques (2).

Le cuivre manque tout à fait dans notre région; quant à l'importation chez nous de l'étain, nécessaire pour la fabrication du bronze, mais susceptible d'autres usages, si elle a dû être tardive et supposer un état avancé de communications commerciales, en ce qui concerne les gisements asiatiques, on peut parfaitement admettre que la navigation côtière des Phéniciens, qui l'allaient chercher aux îles Sorlingues, en a formé des dépôts fort anciens sur nos côtes occidentales (3). M. le baron Halna du Fretay, notre laborieux confrère, a fait remarquer récemment qu'en Bretagne le fer affleure quelquefois le sol (4), et, dès 1878, M. Hamard, à la

---

(1) Hamard. *L'âge de la pierre*, pages 346-51.

(2) Voyez les études faites sur les cimetières francs de Caranda, de Sablonière et d'Arcy (Aisne), et du Mont de Hermes (Oise), par M. Millescamps et aussi par M. Edward Taylor et M. Hamard (1874, 1875, 1880).

(3) C'est aussi la pensée de M. Loth : il l'a énoncée devant moi dans sa leçon du 17 décembre 1886.

(4) Voir *La Bretagne aux temps néolithiques*, pages 53-7

fin du mémoire déjà cité, appelait l'attention sur l'oxydation facile de ce métal, qui a pu faire disparaître dans le sol bien des instruments de fabrication antique. Donc sans prétendre que nos ancêtres aient manié le bronze et le fer dans les forêts de la Gaule dès le temps du mammouth, on peut très légitimement recommander une extrême prudence même dans la classification des derniers âges. Il suffira de dire que, pendant bien des siècles, l'usage des métaux fut chez nous réservé aux familles riches, et fut par conséquent exceptionnel.

II

L'industrie préhistorique : Portée générale de la question.

Voilà une introduction bien longue à l'étude de nos sépultures ; je ne la regrette pas cependant et je ne puis me résoudre à la sacrifier. Sa liaison naturelle avec les objets que nous allons traiter me suggérait la pensée de l'aborder ici ; mais de plus et surtout elle a, en elle-même, une importance considérable et plus que scientifique : il s'agit de nos origines et de la dignité de notre espèce. Voilà ce qu'il faut bien comprendre et ne jamais oublier.

En effet, l'hypothèse combattue ici reposait, que ses adeptes s'en rendissent tous bien compte ou non, sur une autre hypothèse plus générale et plus arbitraire encore, celle d'un état bestial considéré comme l'état primitif du genre humain. On *admettait* qu'il avait fallu de longs siècles pour arriver à l'idée de polir la pierre ou même de la tailler d'une façon plus industrieuse et plus utile, parce qu'on *supposait* qu'il l'avait fallu pour passer, par un progrès fatal et inexplicable, par une sorte de transformisme hypothétique et arbitraire, d'un simple éveil des sens à un effort graduellement actif, mais instinctif, de l'intelligence. On supposait que le genre humain différait jadis de ce qu'il est aujourd'hui non-seulement par les conditions différentes de son existence extérieure, mais encore par les conditions fondamentales de sa nature. De cette hypothèse on tirait des conséquences, et on affirmait ces conséquences; au besoin même on en faisait des preuves de l'hypothèse elle-même. C'était là ce qu'on appelait et ce que plusieurs appellent encore la *science* et la *critique*; science qui dispense de bien connaître les faits, et critique qui dispense de les discuter sérieusement.

A ce système de chronologie archéologique il faut donc, avant tout, substituer les lois de la raison, qu'il a si gravement méconnues ; mais il ne faut pas rejeter tous les faits qu'on y rattache. Oui, le genre humain a été doué par son auteur d'une nature intelligente et libre, oui, ses origines ont été grandes, et, pour le faire comprendre, il suffit, en dehors même des données de la révélation, de faire observer que *jamais* un peuple descendu à l'état d'une sauvagerie grossière ne s'est civilisé lui-même. Si le genre humain eût été jadis tout entier dans cette condition, il y serait encore.

Mais nous ne savons rien, par aucune tradition, touchant les conditions d'existence des anciens émigrants qui arrivèrent dans notre Europe, sous un climat qui devait être relativement rude et sur un sol couvert de forêts, peuplées d'animaux redoutables. La lutte pour l'existence était pour eux incessante et affreuse ; les traditions intellectuelles, sinon même morales, devaient être profondément oblitérées ou altérées par les nécessités journalières de cette lutte.

Il est donc très vraisemblable que, pendant plusieurs générations, pendant plusieurs siècles même, la pierre éclatée et taillée fut, avec le bois et peut-être avec l'os, la matière des instruments et des armes pour les antiques populations de nos contrées. Seulement il faut prendre soin de ne pas les appeler *primitives*, à moins d'ajouter qu'on ne les appelle ainsi que par rapport à l'Europe occidentale, où elles arrivaient, poussées en avant par des luttes sanglantes ou par la multiplication de la race. Les industries de Solutré et de la Magdelaine purent être en certains lieux, sinon partout, contemporaines de types plus grossiers. Mais quant à l'usage des métaux, on peut très bien admettre qu'il fut apporté beaucoup plus tard par d'autres émigrants, venus d'Orient dans des conditions plus favorables, à travers des régions déjà peuplées et défrichées. Les belles études d'Alexandre Bertrand sur la propagation, dans l'Europe centrale, de l'industrie du bronze et sur son point de départ asiatique (1), ont été l'un des premiers efforts et des premiers succès de la critique du bon sens en matière d'archéologie préhistorique. Si, comme je le disais plus haut, les Phéniciens ont pu, de bonne heure, communiquer l'emploi de l'étain aux populations de l'Armorique, qui en trouvent aussi chez elles, l'usage du bronze ne fut certainement ici qu'une rare exception, jusqu'au temps où des communications commerciales régulières s'établirent entre les peuples de l'Occident, car le cuivre est rare en Gaule et très éloigné de nos pays. Mais quant au fer, trouvé sur place en Armorique et dont les produits industriels ont pu si facilement disparaître par l'oxydation, rien ne prouve que l'emploi, exceptionnel sans doute, n'en ait pas précédé chez nous celui du bronze. Rappelons-nous qu'il est, pour des populations presque sauvages de l'Afrique équatoriale, le seul métal usité. Encore une fois donc, il faut partout ici une extrême prudence d'affirmation.

III

Les rites funéraires : Inhumation et incinération.

Ce n'est donc pas seulement d'un préjugé, c'est de plusieurs préjugés chronologiques qu'il faut résolument débarrasser la science. M. du Fretay a récemment appelé l'attention sur celui qui concerne l'emploi du fer dans nos contrées ; mais surtout je l'ai vu avec plaisir appuyer énergiquement le principe historique, désormais certain, de l'*emploi simultané* par nos ancêtres de la pierre et du métal. Mais ces grands enseignements de prudence, dont je viens de rappeler la nécessité, sont-ils *suffisamment* suivis par tous ceux qui en admettent certains principes ? Je ne le crois pas, et je voudrais profiter de notre réunion pour insister là-dessus, pour y appeler l'attention des hommes les plus dévoués à l'étude de nos antiquités nationales.

(1) *Archéologie celtique et gauloise*, pages 186-226 ; voyez aussi *La Gaule avant les Gaulois*, pages 164-7, 169-71.

Une grande question a été soulevée par M. du Fretay comme criterium chronologique dans l'histoire des sépultures de nos contrées, celle qui concerne la succession des deux principaux rites funéraires : l'inhumation et l'incinération. Nous verrons bientôt qu'il a récemment opéré à ce sujet des rectifications importantes, qu'il a établi l'existence, en Armorique, d'une longue période d'incinération *antérieure* à la conquête romaine. Mais il a cru devoir en faire remonter la coutume jusqu'aux plus anciennes populations de l'Armorique, et cela en s'appuyant sur des considérations d'histoire générale plus importantes encore que l'objet direct de ses recherches. C'est là ce qu'il importe d'abord d'examiner.

Notre honoré confrère a énoncé une double maxime : 1° Les plus anciennes sépultures de notre pays, celles qui sont antérieures aux dolmens, étaient marquées seulement par une grosse pierre (1). 2° Toute sépulture à inhumation est postérieure à l'introduction du Christianisme (2).

Si, comme j'ai essayé de le montrer, il y a deux ans, dans le congrès de Saint-Pol-de-Léon, la construction des dolmens correspondait à une doctrine religieuse, à l'idée de donner une habitation aux morts et de prolonger pour eux une existence analogue à l'existence terrestre, il y a lieu de penser qu'une fois entré dans la vie sociale ce rite y a persisté jusqu'à la prédication d'une doctrine plus élevée, qu'il a *succédé* par conséquent à l'érection de simples monuments commémoratifs (grosses pierres ou menhirs), plutôt qu'il ne les a précédés. Je dis aussi les menhirs, car j'ai appris de M. Loth (3) que, si les fouilles faites au pied de ces monuments ont été peu nombreuses, elles ont généralement donné le même résultat que celles des dolmens, et par conséquent, les ont indiqués, eux aussi, comme des monuments funéraires (4). Cependant il me paraît plus que douteux que *tout* mo-

(1) *La Bretagne aux temps néolithiques*, page 13. — *Incinération, et inhumation dans le Finistère*, page 26.

(2) *Incinérations et inhumations dans le Finistère*, pages 11, 12, 20 à 22 cf. 24 à 55. — Voir aussi les *Temps préhistoriques* du même auteur, 1890, pages 16-17, et *sub fin*.

(3) Leçon inédite du 10 décembre 1886.

(4) Tout au moins quand ils sont isolés et ne forment pas une enceinte ou des allées.

nument de cette nature doive être considéré d'avance comme antérieur aux dolmens. L'érection de ceux-ci était moins facile, et il n'est pas possible d'admettre qu'on éleva, chaque année et jusqu'au bout, autant de dolmens, qu'il était mort de chefs de famille: nous en aurions, en ce cas, autant de myriades que nous en avons de centaines ; ils auraient, en quelque sorte, couvert le sol, eux et les tumulus qui les recouvraient si souvent. Il me semble donc que, quand nous explorons une sépulture sans dolmen, nous devons établir l'âge de cette sépulture d'après la nature de son mobilier, avec la réserve exigée, plutôt que déterminer l'âge du mobilier lui-même, d'après la nature du monument.

Mais, je le répète, les fouilles de ces monuments ont été peu nombreuses et n'ont pas donné matière à des discussions étendues. Il en est tout autrement des traces et des preuves de l'incinération. M. du Fretay croit qu'il faut refuser aux époques vraiment antiques toutes les sépultures où l'inhumation est certaine. L'année dernière, il énonçait l'opinion que l'incinération était jadis universelle en Europe, et la conséquence paraissait être qu'elle remonte au peuplement des contrées qui la composent. Cette année, son opinion s'est élargie ou éclaircie, ou plutôt il est revenu à un énoncé plus explicite, en rappelant qu'il avait antérieurement confondu l'origine de l'incinération des corps humains avec celle de l'usage habituel du feu, et en l'étendant formellement aux peuples de l'ancien Orient (1).

Il y a donc là une grande question historique, formant un principe dont l'auteur tire des conséquences archéologiques, et sur laquelle nous devons nous arrêter avant d'aller plus loin.

M. du Fretay reconnaît que les Hébreux n'ont point adopté ce rite ; mais il pense qu'ils ont voulu par là se distinguer des peuples païens, et, parmi ceux-ci, il cite expressément celui de l'Egypte. Trente-cinq années d'études égyptologiques, non pas assurément exclusives, mais persévérantes, pendant lesquelles je me suis tenu au courant des principales œuvres de la science européenne à cet égard, me permettent de pro-

(1) *La Bretagne aux temps néolithiques,* pages 65-8.

céder ici par affirmation : l'usage d'incinérer les morts a été *absolument étranger à l'Egypte, à toutes les époques de son histoire,* depuis le temps des pyramides jusqu'à celui de l'empire romain.

L'incinération, tout exceptionnelle, de chats sacrés à Bubaste, dont parle l'auteur, peut avoir été l'effet d'un accident et, dans tous les cas, n'a rien de commun avec des incinérations romaines ; l'embaumement des cadavres, en rapport étroit avec le dogme égyptien de la résurrection, remonte aux époques les plus anciennes, quoiqu'il ne fût pas alors perfectionné comme il l'a été plus tard. La loi de Zoroastre interdisait sévèrement la combustion des corps humains, tombés par la mort au pouvoir d'Ahriman, et dont, par conséquent, le contact aurait profané le feu, fils d'Ahura-Mazda. Il est vrai, la *réforme* de Zoroastre peut n'être pas très ancienne, neuf ou dix siècles peut-être avant l'ère chrétienne, et les Hindous ne croient pas offenser Agni, le feu déifié, en brûlant les morts. Mais une plus ancienne population de l'Inde paraît avoir toujours inhumé (1) ; chez aucun peuple de l'Asie occidentale, je n'ai rencontré ni trace archéologique, ni souvenir historique de l'incinération.

L'Europe nous intéresse davantage ici, puisqu'il s'agit de retrouver ou de conjecturer les plus anciens rites de nos contrées. Le corps de Patrocle est brûlé par son ami (2), et M. Schliemann a retrouvé des ossements à demi incinérés dans des tombes de Mycènes, remontant aux temps héroïques ; mais il y a trouvé aussi des corps non brûlés (3), et l'inhumation paraît avoir été l'usage commun chez les Athéniens des temps historiques (4). En Etrurie l'incinération est plus ancienne que l'inhumation, mais celle-ci est ancienne aussi et paraît appartenir aux véritables Etrusques, comme l'incinération aux Pélasges (5). Chez les Romains, dont la

(1) Bertrand, *la Gaule avant les Gaulois,* page 159.
(2) Iliade, XXIII, 108-225.
(3) Mycènes, chap. VIII, passim.
(4) Voy. Pottier, *Etude sur les lécythes blancs attiques à représentations funéraires,* p. 24-6, 72. Jamais d'urnes cinéraires.
(5) Voy. Bertrand, *La Gaule avant les Gaulois,* p. 159-61 ;, cf. *Arch. celt. et gaul.,* p. 234-5, 241-4, et de Nadaillac, *Mœurs et monum. des peuples préhist.* page 297.

population était mixte, les deux rites se sont prolongés simultanément pendant de longs siècles, quoique l'incinération dominât (1).

Arrivons maintenant aux peuples barbares, parmi lesquels il faut compter et les Celtes et les habitants des régions qu'ils avaient parcourues avant d'arriver chez nous, régions qu'ils avaient colonisées en partie. Ce dernier relevé a été fait avec soin par M. Von Sacken, conservateur du cabinet des antiques et membre de l'Académie impériale de Vienne, dans son beau volume intitulé : *Le champ funéraire de Hallstadt, dans la haute Autriche, et ses antiquités* (en allemand).

Disons tout d'abord que, dans cette vaste nécropole, qui s'est remplie pendant six ou sept siècles au moins et dont les tombes les plus récentes appartiennent à la période alexandrine, selon Bertrand (page 190), au temps de l'empire, selon Von Sacken (page 145), les deux rites sont *complètement mêlés*.

En 1868, quand il a publié cette étude, M. Von Sacken comptait 939 tombes, partie à inhumation (p. 5-10), partie à incinération totale (p. 10-13), partie à incinération partielle (p. 13-17). En 1884, Alexandre Bertrand écrivait que, jusqu'en 1873, on en avait fouillé 993, dont 415 à incinération et 578, c'est-à-dire le plus grand nombre, à inhumation ; jamais personne n'a eu la pensée d'y reconnaître aucune sépulture chrétienne. D'ailleurs, il n'y a point de distinction du mobilier funéraire entre les sépultures des deux espèces ; il est donc impossible d'y reconnaître une distinction de temps ; et il en est de même pour deux nécropoles voisines, trouvées dans la Styrie, l'une sous tumulus, l'autre sans tumulus ; il n'y a pas non plus de tumulus à Hallstadt (2).

Mais de plus, à cette occasion, M. Von Sacken résume les résultats donnés par les fouilles de l'ancienne Germanie, depuis les Alpes jusqu'à la Baltique, et par conséquent dans toutes les contrées occidentales où ont pu séjourner nos aïeux dans leur marche vers la Gaule. En général, dit-il, dans l'Allemagne du Nord et aussi dans le Danemark, *l'inhumation* appartient aux temps *les plus anciens*, et l'incinération à ceux qui

(1) Id. p. 161-2; De Nadaillac, *ibid.*
(2) Von Sacken, *Das Grabfeld von Hallstadt*, p. 128.

le sont moins, tandis que, dans l'Allemagne du Sud et de l'Ouest, c'est *le contraire*, mais non à titre exclusif, et les trois exemples cités plus haut ne sont pas les seuls qui présentent *le mélange des deux rites*. Ce mélange a existé sur le Rhin, dans la Hesse, dans la Thuringe, dans la Franconie, dans le Mecklembourg, dans le Danemarck, et aussi en Angleterre ; chose plus bizarre encore : dans le Mecklembourg, on a reconnu que l'on inhumait les hommes seuls ; les femmes étaient incinérées. Enfin les sépultures *sans tumulus* ne contiennent, dans la Bohême du Nord, la Silésie, la Poméranie, le Mecklembourg, *que* des cendres dans des urnes, tandis que, dans le Brisgau et dans certaines localités de la Bohême et de la Moravie, elles ne contiennent *que* des squelettes. Ce qui est propre à Hallstadt, c'est le mélange des deux sortes de sépulture dans des tombes sans tumulus et sans urnes. En général les sépultures *à squelettes sans tumulus* sont *moins anciennes* que les autres, et elles appartiennent aux contrées *germaniques* proprement dites (1).

Quant à la Gaule, M. Bertrand a fait remarquer qu'on n'a trouvé nulle part d'incinération dans le voisinage de Paris (2). Mais il est certain que les Gaulois de César (VI. 19) et les Germains de Tacite (*Germ.* 27) pratiquaient ce mode de funérailles.

Dans les dolmens de l'Aveyron, les *squelettes* n'ont en général, qu'un mobilier de silex, avec des poteries et des objets de parure en pierre, en os, en coquilles. Parmi ceux dont parle M. de Nadaillac, un seul, où les squelettes sont appuyés contre les parois, contient un petit objet en bronze (3).

Mais, au Congrès de Paris (p. 186-90), M. Cartailhac évaluait à 1/5 le nombre des *dolmens aveyonnais* qui contenaient du métal, et citait, comme *exceptions*, il est vrai, des cas *d'incinération*. Là et bien ailleurs, spécialement dans le Pas-de-Calais, les squelettes sont repliés sur eux-mêmes, et ici aucun objet en métal ne les accompagne ; mais bien, parfois du moins, des instruments en pierre polie ou en os (4). M. de

(1) *Das Grabfeld von Hallstadt*, p. 128-9.
(2) *La Gaule avant les Gaulois*, p. 107.
(3) De Nadaillac, *ubi supra*, p. 284.
(4) *Ibid.* p. 285, cf. *Congrès de Paris*, p. 165, 173-74, 186-7.

Nadaillac (p. 278-80) cite encore, en divers lieux de l'ancienne Gaule, des squelettes avec mobilier paléolitique. Quant aux trouvailles faites hors de France, elles constatent que cette inhumation de squelettes *assis* a été une coutume dans les régions les plus variées, et que *l'inhumation* avec *mobilier de pierre* ne peut être mise en doute (1).

Enfin le *mélange* de l'inhumation et de l'incinération en Gaule, sinon peut-être en Bretagne, et dans les mêmes tumulus, doit être un fait rare, car il est réellement peu logique, mais M. Loth l'a signalé comme réel (2).

La date relative des sépultures de Hallstadt est indiquée vaguement par la présence d'armes de fer, d'argent, et d'une pâte de verre (Bertrand signale à Hallstadt 73 objets de cette matière). On trouve même, vers le Rhin, quelques monuments de l'industrie romaine, mais on n'en trouve pas à Hallstadt. Les armes ou ustensiles de métal, qu'ils soient de bronze ou de fer, y ont la même forme et par conséquent doivent appartenir à la même époque. Cependant l'usage du fer domine dans la fabrication des lances ; mais la forme ordinaire de ces armes et leur ornementation rappelle plutôt l'âge du bronze, dans sa dernière période (3).

De pareils faits nous contraignent à renoncer au principe absolu de *l'antériorité* des combustions de cadavres: mais non à l'opinion d'une *période* d'incinération dans la péninsule armoricaine, et nous allons voir comment elle a été mise en lumière par notre confrère M. Halna du Fretay.

IV

Les tombes préhistoriques de la Péninsule armoricaine.

Il est bien entendu que nous mettons de côté les tombes qui porteraient trace d'origine romaine ; cette séparation devra

(1) Ibid. p. 283-4 et 285-6. Voy. aussi *Matériaux pour l'histoire primitive et naturelle de l'homme*, 1875, p. 426 ; 1876, p. 88-9, 110 et 384.

(2) *Ubi suprà,*

(3) Ibid. p. 129-32; cf. 145.

d'ailleurs nous donner peu de peine, la population conqué-
rante s'étant, comme le fait observer notre confrère (1), peu
répandue dans le N.-O. de la Gaule.

Faisons d'abord le relevé des principales sépultures de notre
péninsule, en signalant la nature de leur mobilier funéraire et
en y faisant ressortir les incinérations, d'abord méconnues,
dont M. du Fretay fournit la preuve dans sa toute récente bro-
chure intitulée : *Les temps préhistoriques, Etude sur les ouvrages
des écrivains qui m'ont précédé.*

On peut mettre en première ligne le *Manné-Lud*, en Loc-
maria-Ker, où sont réunis des ossements d'hommes en partie
carbonisés et d'animaux ayant subi l'atteinte du feu. Il y a
toute apparence que l'incinération humaine a été accompa-
gnée d'un sacrifice ; quant au mobilier funéraire, il est en
silex, sans *aucun* mélange d'un métal quelconque (2). On a
trouvé un petit celté avec des ossements d'animaux, les restes
d'un grand foyer et plusieurs urnes funéraires, dans un
dolmen et par conséquent dans une sépulture, au *Moustoir
Carnac* (3).

Un des plus beaux dolmens sous tumulus, celui de *Tumiac*,
en Arzon, dont la poussière est grasse comme au Moustoir,
décèle plus manifestement encore son origine, par des débris
d'ossements. Or ce dolmen nous offre aussi, sans aucun ves-
tige d'instrument de métal, un splendide mobilier funéraire :
colliers en callaïs, assortiment de haches en jadéïte, etc. (4).
Le célèbre tumulus de *Saint-Michel*, en Carnac, ne contenait
non plus, avec la même poussière et des ossements incinérés,
que des celtæ et des perles de jaspe ; la crypte qui les renfer-
mait montre d'ailleurs, avec le tumulus lui-même, qu'il s'agit
bien d'une sépulture et non d'un simple foyer de sacrifice (5).
Et si, au *Manné-er-H'rock*, on n'a trouvé aucun reste d'ossements, sans doute parce que l'incinération a été bien complète,
ce tumulus de cent mètres, presque aussi long que le mont

(1) *Incinér. et inhum.*, p. 20-1.
(2) *Temps préhist.* p. 21, 23, 28-9.
(3) *Ibid.* p. 32-3. Les faits sont donnés par M. Galles ; l'interprétation de
M. du Fretay m'a paru certaine, de même que pour le Manné-Lud.
(4) *Ibid.* p. 35-7.
(5) *Ibid.* p. 38-41. Les détails étaient fournis par M. Galles.

Saint-Michel, recouvrant une crypte à trois grandes tables
que précède une allée, ne peut laisser aucun doute sur sa
destination. Là aussi, le riche mobilier est exclusivement de
pierre (jade, jaspe, silex, agathe), sauf des débris de poterie,
dont l'aspect, dit M. Galles, n'est aucunement romain (1).

Partout les objets trouvés sous ces grandes tombelles sont
de même espèce, et par conséquent il y a lieu de penser qu'ils
sont de la même époque (2) ; disons plutôt de la même période,
car ce qui appartient aux rites doit se transmettre d'une
génération à l'autre. Mais tout ce mobilier est de pierre ; il
faut donc rejeter l'opinion que l'incinération correspond à
l'âge du bronze, opinion qui est celle de Lubbock, lequel du
reste ne voit pas là une coutume exclusive et tranchée (3),
opinion vers laquelle M. de Nadaillac semble pencher aussi,
sans l'affirmer toutefois : il dit qu'on trouve des incinérations
dès le commencement de cet âge, *peut-être même auparavant*,
sans distinguer les contrées (4). En fait, il est possible que
le bronze fût connu de ceux qui ont élevé les dolmens dont
nous parlons ; mais les objets qu'on y a découverts n'en four-
nissent nullement la preuve. Je n'oserais même attribuer
à une simple tradition religieuse l'usage des instruments
néolithiques pour le mobilier funéraire, car nous allons voir
bientôt qu'ailleurs on y trouva aussi l'emploi du métal.

Dans un autre grand tumulus, celui de *Tyroué* (5), c'est
encore avec une pointe de flèche en silex qu'on trouve une
urne remplie de cendre et de petits ossements calcinés.
Ailleurs l'auteur a trouvé ce qu'il appelle des dolmens en
miniature, soit recouverts d'une petite dalle, soit formés de
pierres se rejoignant par le haut, et ne laissant que la place
de l'urne, avec un mobilier de pierre ordinairement taillée,
quelquefois polie (6). Je n'oserais non plus considérer cette
distinction comme désignant des époques tranchées, car des

(1) *Ibid.* p. 46-7. Je cite surtout, pour ce passage, l'extrait du rapport de
M. Galles.

(2) *Ibid.* p. 49.

(3) *L'homme préhistorique*, p. 139-44 (trad. de la 3e édit.). Il ajoute qu'aux
temps néolithiques les corps sont souvent inhumés assis.

(4) *Mœurs et monum. des peuples préhist.*, p. 296.

(5) Du Fretay, *Incinér. et inhum. dans le Finistère*, p. 29-30

(6) *Ibid.* p. 31-3.

pierres d'ancienne forme peuvent avoir été employées à titre d'amulettes ou d'ex-voto (1) même quand on s'appliquait de préférence à polir la pierre pour les usages de luxe. N'oublions pas, je le répète, qu'il est souverainement invraisemblable qu'un temps fut où la pierre laborieusement polie ait été d'un usage exclusif. Les deux sortes d'instruments ont été trouvées ensemble dans la crypte à incinération de *Pena-nech* (2).

Au tumulus de *Saint-Hernoz*, en Crozon, une urne, des cendres, des ossements mal incinérés, des *percuteurs* et usoirs accompagnent une *hache, délicatement travaillée, de trois centimètres et demi* de longueur, véritable bijou, dit notre confrère (3).

Divers dolmens à la surface du sol ont aussi fourni, sans métaux, des pierres d'un beau travail (4). Pas de métal non plus dans le dolmen à deux chambres, ayant chacune ses menhirs d'entrée, de *Beg en Havre*, dolmen dans lequel on a trouvé à la fois, par exception, un *squelette* en position repliée et quelques ossements ayant subi *l'action du feu*, avec des vases et divers objets en silex, y compris des *percuteurs*. Ce dolmen appartient aux monuments à pierres taillées, puisqu'on n'y signale comme poli qu'un grain de collier en calaïs (5). Si donc nous voyons ici un monument de *transition* entre les deux modes de sépulture, ce serait la *pierre taillée* qui indiquerait, vaguement il est vrai, cette période.

Mais je ne connais rien de plus curieux à étudier sur cette question que le petit ouvrage de M. le baron de Wismes intitulé : *le tumulus des trois squelettes* (6), (comprenant un groupe de plusieurs caveaux), ouvrage sur lequel nous

(1) C'est le cas des cimetières *francs* de Caranda et du Mont Hermès.

(2) *La Bretagne aux temps néolithiques*, p. 30-1, cf. Riault de Neuville, *Matériaux*, 1876, p. 354-5.

(3) *Ibid*. 34.

(4) *Incin. et Inhum.*, p. 35. Et voy. p. 25 et 50 : point de squelettes dans la péninsule aux temps néolithiques, dit l'auteur.

(5) Félix Gaillard, *Une série d'explorations à Plouhinec*, p. 6-8.

(6) Nantes, 1876, avec un supplément et plusieurs planches. L'exemplaire que l'auteur a bien voulu m'adresser contient, en outre, des notes additionnelles manuscrites. L'auteur y cite ses recherches ultérieures de 1877 et 1878. La première partie avait été lue au Congrès des Sociétés savantes.

devons nous arrêter en ce moment. Il appartient à l'Armorique, mais non à la presqu'île armoricaine, puisqu'il se
trouve tout près de Pornic.

Le caveau des trois squelettes était, paraît-il, une sépulture
de famille. On y a reconnu, avec grande probabilité, les squelettes, conservés en grande partie, d'un homme et d'une
femme, avec un fragment de celui d'un enfant; l'appareil du
monument est régulier. Il n'y a là aucune trace d'*incinération*, je ne dis pas de *feu*, car les charbons, dit l'auteur, ne
manquent pas plus dans ce caveau que dans les autres (du
même tumulus). Il est donc constaté par là qu'un rite funéraire quelconque, autre que la combustion des cadavres, avait
demandé l'emploi du feu. Les corps, au moins celui de l'homme,
devaient avoir la position repliée, car ils étaient posés dans
le sens de la largeur du caveau, largeur qui ne dépasse
pas un mètre et demi. On y a recueilli diverses poteries, et
aussi « douze à quinze silex, *grattoirs* arrondis, *grattoirs* en
longueur, grattoirs ou outils indéterminés»; mais rien, paraît-il,
qui ait été poli, pas plus qu'il n'y a là d'objets métalliques (1).

Voilà donc une sépulture uniquement à inhumation qui appartient à l'industrie de la pierre taillée, un peu au sud de la
Loire, il est vrai, et appartenant sans doute à une autre tribu
que celles de nos tombelles. Un autre caveau du même tumulus, celui que M. de Wismes a nommé caveau de la Croix à
cause de sa forme et qui est admirablement conservé, contenait
aussi des ossements, des charbons et des poteries, avec des
couteaux de silex, de nombreux *grattoirs* en silex, et autres
outils du même genre, plus une jolie hache en silex gris très fin,
dont certaines cassures indiquent — fait intéressant dans la
question souvent discutée de l'usage des haches dans les tom-
beaux — qu'elle avait plus d'une fois servi à son possesseur (2).
Il n'en est pas moins vrai que ce cas est exceptionnel, et que
M. Desor tire de la généralité des faits la conclusion contraire,
c'est-à-dire que ce sont ordinairement des objets de parade,
placés là pour un motif religieux. (Congrès de Paris, p. 219 :
il cite H. Martin.)

(1) *Le Tumulus des trois squelettes* p. 16 - 21.
(2) *Ibid* p. 10, 13 - 14; cf. *Matériaux* 1875, p. 290 -91.

Les conclusions paraissent donc devoir être les mêmes
que pour l'autre sépulture; seulement l'auteur fait observer
que, selon un savant anglais, M. Lukis, l'espèce de voûte
en encorbellement qui est substituée ici aux dalles plates
des dolmens ordinaires est la caractérisque de la dernière
période de la pierre polie en Bretagne. Je reproduis simple-
ment l'assertion, car, pour les preuves, je ne les connais pas (1).
Une troisième sépulture, encore dans le même tumulus, res-
semble tout à fait à celle des trois squelettes. On y trouve,
avec des ossements non incinérés, plusieurs vases et quelques
silex (2). Un caveau intermédiaire, précédé de sa galerie, a
offert, avec une petite hache en diorite, des poteries plus
soignées que celles dont nous venons de parler (3).

Aucune de ces tombes n'a fourni le moindre objet métallique; et le mobilier de pierre de ce tumulus ne semble pas
même appartenir à une époque bien avancée de cette industrie.
Malgré l'appareil architectural dont j'ai parlé, je me sens donc
incliné à croire que nous avons là des dolmens de très ancienne époque, antérieurs à la période de l'incinération armoricaine. Du reste les dolmens à métaux ne paraissent pas
avoir été jamais très nombreux dans notre péninsule, et peut-
être l'usage d'élever ces monuments s'est-il ralenti beaucoup
à l'approche des temps historiques. Aussi l'étude du mobilier métallique de nos dolmens nous arrêtera-t-elle bien peu
de temps.

M. Loth a signalé le fait général que, dans ces monuments,
la pierre et le bronze sont parfois associés entre eux (4),
et parfois avec le fer, mais que l'immense majorité des tumulus morbihannais fouillés jusqu'ici n'a pas donné de métal (5).
D'après les récents travaux de M. Halna du Fretay, nous
voyons le fer et la pierre accompagnant une urne cinéraire
des Côtes-du-Nord (6); le bronze, le fer travaillé avec art sont

(1) *Ibid* p. 15 - 16.
(2) *Ibid* p. 23 - 4.
(3) *Ibid* p. 24 - 7.
(4) Leçon du 10 décembre 1886.
(5) M. Cartaillac signale une proportion semblable dans le Cantal (Congrès
de Paris p. 190).
(6) *La Bretagne aux temps néolith.*, p.39-40. (Tumulus dans la commune de
Paule).

réunis à un silex taillé dans une sépulture à incinération du Morbihan (1), et des trouvailles de même genre sont signalées dans divers tumulus (2). Les deux dolmens sous tumulus de Kervini en Poullan (Finistère), décrits par l'auteur à la session du Croisic, contenaient un mélange abondant d'objets en bronze et d'objets en silex ; mais on n'y a pas trouvé d'ossements (3) ; le type dolmen en démontre seul l'usage funéraire ; nous ne savons donc pas à quel mode de sépulture il convient de les rapporter. Ce qui est certain, c'est, nous l'avons vu, que les grandes et célèbres tombelles du Morbihan n'ont qu'un mobilier de pierre. Le même auteur en a fait l'observation d'une manière générale (4).

Arrivons maintenant aux *inhumations* bretonnes. Il ne peut être question ici, sauf de très rares exceptions, d'inhumations faites dans le sol même ; comme le fait remarquer M. du Fretay, les traces en disparaîtraient en peu de temps (5).

A quelle période appartiennent les inhumations dans les sarcophages de pierres ? J'avoue que, si elles sont bien isolées de l'air extérieur, la conservation des étoffes ne me paraît pas incompréhensible, même pour une haute antiquité, et surtout, quoiqu'on en ait dit, il me paraît indifférent, quant au critérium chronologique, de leur attribuer quinze siècles ou de leur en attribuer trente-cinq. Mais, pour en revenir aux dolmens à inhumation, si l'on fait abstraction de ceux d'Outre-Loire dont nous avons parlé tout à l'heure, il faut reconnaître qu'on n'en trouve guère à signaler parmi nous. Il y en a cependant au Port-Blanc : les ossements sont bien conservés ; mais le mobilier ne donne aucune indication, sauf une épingle en os intacte (6) ; il m'est impossible de tirer aucune induction de ce fait ; que l'épingle ait 1,500 ans ou 3,000, sa conservation ne saurait s'expliquer par la médiocre durée du temps.

(1) *Ibid* p. 46 -8 (Tumulus de Croumenou).

(2) *Incinér. et inhum.* p. 33;cf.34, 39, 41. Et session de St-Pol,p. 36 -7.

(3) Session du Croisic p. 188-91. V. aussi, sur ce mélange, *Incin. et inhum.* p. 39-41; Oscar Montelius (Matériaux, 1875, p. 234, Ouvarof 1876, p. 214, Cazalis des Fondouce, ibid. (Suède, Russie, Hongrie.)

(4) *Incin. et inhum.* p. 39.

(5) *Ibid* p. 8.

(6) Du Fretay, *Les temps préhistoriques*, p. 58-9.

V

Orientation. — Les Conclusions chronologiques

Après avoir incliné à chercher une indication chronologique dans la distinction entre les dolmens à parois en pierre sur champ et les dolmens à parois en maçonnerie sèche, j'ai renoncé à m'en occuper. Ces derniers cas sont rares, et peut-être faut-il les expliquer seulement par la facilité d'en trouver les matériaux sous la main, ou par le désir d'en hâter le travail. C'est aussi par une exception rare que des pierres inclinées remplacent les tables de dolmen. Mais je ne puis négliger la question de l'Orientation, qui a donné lieu à des conclusions différentes et qui paraît bien appartenir à l'histoire des rites funéraires. Je ne saurais qu'en dire quant au tableau général des sépultures préhistoriques; mais, en Bretagne, nous avons, grâce spécialement à M. du Fretay, des données importantes et nombreuses à comparer.

Presque tous les dolmens, nous dit M. du Fretay (1), sont orientés E. O.; et il ne distingue pas les époques; seulement il est probable qu'il veut parler seulement de la Bretagne, puisqu'il dit autre part qu'il y a borné ses recherches (2). Le fait général étant reconnu par lui, il n'est pas étonnant qu'il y ait peu dirigé son attention l'année suivante, c'est-à-dire dans la présente année, quand il a étudié spécialement *La Bretagne aux temps néolithiques*. Quant à M. Gaillard, il cite le même fait au sujet du tumulus du Griguen (3), contenant de la pierre et du bronze. A Kerouaren (4), il signale l'entrée du dolmen à l'Est-Sud-Est; c'est un dolmen à pierre et os. L'inclinaison est plus forte à Beg-en-Havre (sans métal), où l'entrée est au S.-E. (5), ainsi qu'à la crypte de Penanech (6).

(1) *Incinér. et inhum.* p. 39.
(2) *Ibid.* p. 22.
(3) *Une série d'exploration à Plouhinec*, p. 3.
(4) *Ibid.* p. 5. — Il en est de même pour le tumulus de Saint-Hernot. *La Bretagne aux temps néolithiques*, p. 32-4.
(5) *Ibid.* p. 6-8.
(6) *La Bretagne aux temps néolithiques*, p. 39 et fig. 3.

Enfin c'est bien une orientation S.-N. qui existe au tumulus de Cremenou, où l'on a reconnu la présence du bronze et du fer (1).

Si maintenant nous passons au tumulus des Trois squelettes, situé hors de la péninsule, M. de Wismes nous dit nettement que sa description emporte la ruine du système d'orientation (2) ; et il suffit pour le comprendre d'un regard jeté sur le plan de ces sépultures, dont trois ont une direction S.-O.-N.-E., une autre E.-O., une autre O.-E., et une autre N.-S. Seulement l'énoncé qu'il formule doit subir une restriction fort importante. Cette étude constate que la loi de l'Orientation n'est pas uniforme et inflexible, et le tumulus de Cremenou le montrait déjà ; elle ne démontre pas du tout que cette loi n'existe pas, comme vérité commune, dans la péninsule armoricaine, ainsi que le disait M. du Fretay. Et ce n'est pas seulement en Bretagne. M. Philibert de la Lande constate la même chose pour la Corrèze (3), et M. de Cartaillac pour le Cantal, où les dolmens sont souvent au sommet d'un tumulus (4) ; mais un mémoire de MM. de Ferry et Arcelin (5) constate qu'il n'y a pas d'orientation dans les sépultures en dalles brutes et en terre libre, qu'on a trouvées dans le Mâconnais. De tout cela il résulte que l'orientation de ces sépultures fut à une époque ancienne, et pendant un long temps, un usage généralement répandu, qu'elle correspond à la période des dolmens, mais qu'elle ne fut pas absolument uniforme, et que rien n'indique une transformation historique correspondant aux variations qui ont eu lieu à cet égard dans ce mode de sépulture.

De tous les faits examinés dans ce mémoire, est-il possible de tirer un ensemble de conclusions chronologiques ? M. du Fretay appelle, au moins par allusion, l'attention de ses lecteurs sur ce qu'on peut appeler le chronomètre de Saint-Nazaire, c'est-à-dire sur les objets trouvés dans les dépôts fluviatiles de ce bassin (6).

(1) *Ibid.* p. 46-8.
(2) De Wismes, p. 30, et plan.
(3) *Congrès de Paris*, p. 170-71.
(4) *Ibid.* p. 166.
(5) *Congrès de Norwich*, 1868, p. 334 : *L'âge du renne dans le Mâconnais.*
(6) Voy. les articles de M. Kerviler dans la *Revue archéologique* de mars avril et mai 1877 (cf. mars 1878). Il les a, je crois, publiés en volume

La stratification régulière de ces dépôts, séparant chaque ordre d'antiquités et les couches de détritus végétaux qui s'y trouvaient annuellement déposés ont permis de mesurer par épreuve et contre-épreuve, par le compte des couches et la proportion des distances verticales, l'époque des objets les plus anciens. En effet des poteries *gallo-romaines* avec une *monnaie* de Tetricus, c'est-à-dire des antiquités remontant aujourd'hui à seize siècles, se trouvent à six mètres de profondeur, tandis que quelques armes de bronze, une aiguille en os, de nombreux instruments en *bois de cerf* et des pierres de mouillage, c'est-à-dire des monuments de ce qu'on peut appeler le commencement de l'âge du bronze, se trouvent seulement à deux mètres et demi plus bas. Donc, *sur la basse Loire*, ce début remonte à sept siècles environ au-delà du troisième de notre ère, soit à un temps correspondant à la rédaction de la loi des douze tables chez les Romains, à la construction du Parthénon en Grèce : notons même (article de mars 1878) qu'on a trouvé un celté emmanché à près d'un mètre *au-dessus* d'une petite épée de bronze.

Voilà donc un sychronisme acceptable pour l'époque de transition : environ cinq siècles avant notre ère, l'usage du bronze était chez nous connu mais exceptionnel. D'autre part, dans la presqu'île, l'usage de l'incinération existait encore ; mais, en général, c'est de pierre taillée ou polie, qu'a été composé le mobilier funéraire des corps incinérés. Ceci d'ailleurs ne veut pas dire que, là où s'agit de rites, funéraires ou autres, l'introduction des métaux ait marché du même pas que dans la vie civile.

Voilà déjà une cause d'incertitude ; mais ce n'est pas la seule, à beaucoup près. Et d'abord combien de siècles a duré l'emploi restreint du bronze ? Il est impossible de le deviner, pour deux raisons. D'abord parce que, le cuivre ne se trouvant pas dans nos contrées, ce n'est pas seulement du progrès local de l'intelligence industrielle, mais aussi du progrès des relations commerciales avec des nations plus ou moins lointaines que dépendait la diffusion chez nous des instruments de cette nature. Des découvertes archéologiques et des renseignements historiques ont pu éclairer ces recherches, quand il s'agit des bassins du Danube et du Pô ; il n'en est pas de même quand il s'agit du versant de l'Atlantique, dont l'histoire vraiment antique nous est tout à fait inconnue.

Mais en dehors de cela, et quand il ne s'agirait que du progrès industriel lui-même, que du perfectionnement des objets soit de métal, soit de pierre polie, soit de pierre taillée, comment admettre la *possibilité* d'un calcul, je ne dis pas d'années, mais de siècles ? On ne pourrait l'essayer qu'au moyen d'une comparaison avec des progrès effectués dans les temps historiques, car il est impossible d'admettre comme élément de calcul la différence entre les bronzes de Saint-Nazaire et les bronzes gallo-romains, pour la fabrication desquels on avait profité de l'industrie italienne. Mais est-il davantage possible d'établir une règle de proportion fondée sur les progrès industriels des âges ultérieurs ? De quels âges voudrait-on parler et de quelle nation ? Prétendrait-on comparer les progrès accomplis du xiiie siècle au xviie, avec ce qui marque la différence entre le viie et le xiie ? Prétendrait-on identifier l'activité lombarde ou flamande avec celle de l'Irlande ou de la Hongrie, au moyen-âge? Bien plus encore: nous ne savons rien, absolument rien, je le répète, de notre histoire, à nous Armoricains, pour les temps qui ont précédé César, des périodes de lutte et de repos qui ont pu se produire dans nos contrées, de l'arrivée de colons habiles ou de l'invasion de tribus barbares, et par conséquent des circonstances décisives qui ont pu hâter ou ralentir le progrès, l'arrêter même ou l'anéantir, pendant les périodes de l'âge de la pierre, non plus qu'au temps où l'on a connu le bronze ; nous ne savons pas davantage ce qu'a été chez nous le premier âge du fer, ni même avec certitude s'il y a eu chez nous un premier âge du fer, antérieur à la connaissance du bronze, importé soit par l'Océan soit par la voie des fleuves. Nous ne pouvons pas même assurer s'il y a eu ou non un âge de la pierre polie, positivement distinct de celui de la pierre taillée, un âge du solutréen absolument postérieur au moustérien, un âge de l'os, de la corne et des formes magdaléniennes succédant à l'extinction des formes solutréennes, ou s'il n'y a pas eu plutôt, en divers lieux mais dans les mêmes siècles, des essais plus ou moins heureux.

Et si l'on admet comme vraisemblable une succession de

temps et de périodes, nous n'avons aucun moyen de calculer, avec une approximation quelconque, la durée de celles-ci. Il paraît, d'après l'ensemble des faits que nous venons d'examiner, que, si l'incinération a subsisté longtemps chez nous, au temps de la pierre et du bronze, on ne peut pas en dire autant de la Gaule en général, pas même de la Gaule occidentale; et nous ne savons pas du tout s'il n'y a pas eu, même en Bretagne, un âge de l'inhumation antérieur aux dolmens.

Disons-le nettement : *l'archéologie ne se suffit pas à elle-même* ; elle doit être inséparable de solides études historiques, comme on l'a fait pour la nécropole de Halstadt, et ici les moyens d'investigation historique nous manquent presque entièrement. Il est *impossible* de calculer chez nous *à mille ans près* la durée d'une période ou d'un groupe de périodes; il n'y a pas même lieu de prévoir un temps où cela deviendra possible. Il ne faut pas, en effet, s'engager dans de téméraires espoirs par le souvenir des prodigieux succès obtenus, dans notre siècle, en ce qui concerne l'Orient. Sans doute il y avait là des sciences entières à créer, et l'égyptien se traduit à cette heure avec autant de sûreté que le sanscrit ou le grec. Mais les éléments de cette science existaient, quoiqu'on ne sût pas en faire usage : les inscriptions subsistaient, les langues mêmes étaient presque connues, puisque le copte est de l'égyptien déformé, puisque l'assyrien était frère de l'hébreu, puisque la langue de l'Avesta est sœur du sanscrit védique. Il s'agissait de lire les textes ; des inscriptions bilingues et trilingues en ont fourni la méthode ; une fois lus, on devait arriver à les comprendre, non pas sans effort de génie assurément, pour ce qui concerne nos maîtres. Mais, pour connaître et classer les faits de la préhistoire armoricaine, nous n'avons pas d'inscriptions bilingues, car nous n'avons pas d'inscriptions du tout. Quand même il serait vrai, comme on l'a pensé, que les très rares figures qui sont tracées sur certains monuments mégalithiques, à Gavr'innis par exemple, seraient du phénicien déformé, quinze ou vingt mots tout au plus, épars en divers lieux, ne nous rendraient ni une histoire ni une chronologie.

Si des découvertes d'un genre entièrement nouveau se produisent et nous les rendent, nul n'y applaudira plus que moi,

et assurément je ne prétends détourner personne de scruter
les siècles passés. Mais je voudrais ramener à choses faisables
le labeur et la critique dont on nous a donné récemment des
preuves éclatantes. Cinquante années d'études historiques
très variées m'ont appris à distinguer, en histoire le possible
de l'impossible. L'investigation de nos monuments n'est pas
achevée ; elle pourra nous donner des résultats plus étendus
et plus précis ; qu'on les poursuive ; mais que les hommes
éminents qui sont, sur ce terrain là, nos maîtres et nos gui-
des ne s'engagent pas dans une impasse. Qu'ils réservent
leur temps, leur intelligence et leurs efforts pour élargir
leur science et la nôtre ; au lieu d'un remerciment aujour-
d'hui mérité, nous leur en adresserons deux.